BEI GRIN MACHT SICH IHR WISSEN BEZAHLT

- Wir veröffentlichen Ihre Hausarbeit,
  Bachelor- und Masterarbeit

- Ihr eigenes eBook und Buch -
  weltweit in allen wichtigen Shops

- Verdienen Sie an jedem Verkauf

Jetzt bei www.GRIN.com hochladen und kostenlos publizieren

Marc Daniels

Aus der Reihe: e-fellows.net stipendiaten-wissen

e-fellows.net (Hrsg.)

Band 1475

Musterschema zur Nacherfüllung, § 439 BGB

Nachbesserung und Neulieferung nach Gewährleistungsrecht

GRIN Verlag

Bibliografische Information der Deutschen Nationalbibliothek:

Die Deutsche Bibliothek verzeichnet diese Publikation in der Deutschen National-bibliografie; detaillierte bibliografische Daten sind im Internet über http://dnb.d-nb.de/ abrufbar.

Impressum:

Copyright © 2015 GRIN Verlag, Open Publishing GmbH
Druck und Bindung: Books on Demand GmbH, Norderstedt Germany
ISBN: 978-3-668-01301-8

Dieses Buch bei GRIN:

http://www.grin.com/de/e-book/302242/musterschema-zur-nacherfuellung-439-bgb

GRIN - Your knowledge has value

Der GRIN Verlag publiziert seit 1998 wissenschaftliche Arbeiten von Studenten, Hochschullehrern und anderen Akademikern als eBook und gedrucktes Buch. Die Verlagswebsite www.grin.com ist die ideale Plattform zur Veröffentlichung von Hausarbeiten, Abschlussarbeiten, wissenschaftlichen Aufsätzen, Dissertationen und Fachbüchern.

Schema:
I. Anspruch entstanden
1. Wirksamer Kaufvertrag
2. Sachmangel

   a) Sachmangel i.S.v. **§ 434 I BGB** = Differenz von Ist- und Sollbeschaffenheit
     aa) Vereinbarung über die Beschaffenheit: die Sache hat nicht die vertraglich von den
       Parteien vorausgesetzten Eigenschaften (**§ 434 I 1 BGB**)
     bb) Bei Fehlen einer Beschaffenheitsvereinbarung:
       aaa) Die Sache eignet sich nicht für die nach dem Vertrag vorausgesetzte Verwendung
         (**§ 434 I 2 Nr. 1 BGB**)
       bbb) Die Sache eignet sich nicht für die gewöhnliche Verwendung oder hat nicht die
         übliche Beschaffenheit (**§ 434 I 2 Nr. 2 BGB**)
     -> Berücksichtigung von Werbeaussagen des Verkäufers und Herstellers (**§ 434 I 3 BGB**)
   b) Sachmangel i.S.v. **§ 434 II BGB** = fehlerhafte Montage bzw. Montageanleitung
   c) Sachmangel i.S.v. **§ 434 III BGB** = Aliud-Lieferung bzw. Minderlieferung
3. Zur Zeit des Gefahrübergangs (**§§ 446, 447, 474 II BGB**)
4. Kein Ausschluss der Gewährleistung durch:
   a) Kenntnis des Käufers von dem Mangel (**§ 442 BGB**)
   b) Wirksame Freizeichnung, d.h. Ausschluss oder Einschränkung der Gewährleistung
   Die Freizeichnung ist unzulässig
   - bei Arglist oder Garantie (**§ 444 BGB**)
   - beim Verbrauchsgüterkauf (**§ 475 BGB**)
   - nach AGB-Recht (**§ 309 Nr. 8 b BGB**)
   c) Rügeversäumnis gemäß **§ 377 HGB**
II. Anspruch untergegangen
   Unmöglichkeit der Nacherfüllung (**§ 275 BGB**)
   -> getrennt für Nachbesserung und Nachlieferung zu prüfen
III. Anspruch durchsetzbar
   a) Verweigerung der Nacherfüllung durch den Verkäufer gem. **§ 439 III BGB**
   b) Leistungsverweigerung nach **§ 275 II, III BGB**
   c) Keine Verjährung (**§ 438 BGB**)
Rechtsfolge: Anspruch auf Nachbesserung oder Nachlieferung

…könnte gegen … einen Anspruch auf Nacherfüllung gem. §§ 437 Nr.1, 439 I BGB haben.

Anspruchskette bei der Nacherfüllung: §§ 437 Nr. 1, 439 I BGB

Merke: Die Nacherfüllung ist ein <u>Sekundäranspruch</u>. Der Primäranspruch ist allein die Erfüllung. Das bedeutet: Auch wenn eine <u>mangelhafte Sache</u> geliefert wird und der Käufer sie <u>annimmt,</u> erlischt der Primäranspruch auf Lieferung einer mangelfreien Sache aus § 433 I 2 BGB. Der Käufer kann sein Recht auf mangelfreie Kaufsache dann nur noch über das Gewährleistungsrecht, hier im speziellen §§ 437 Nr. 1, 439 I BGB, geltend machen. Der Erfüllungsanspruch wandelt sich im Bezug auf die Pflicht zur mangelfreien Andienung in den Nacherfüllungsanspruch um.

Beachte: Der Anspruch auf Nacherfüllung existiert verschuldensunabhängig.

1

I. Anspruch entstanden

a) Kaufvertrag

Hierfür müsste zunächst ein wirksamer Kaufvertrag zwischen … und … geschlossen worden sein. …Subsumtion…

b) Mangel der Kaufsache

Zudem müsste die Kaufsache einen Mangel vorweisen. Hier kommt allein ein Sachmangel gem. § 434 BGB / Rechtsmangel gem. § 435 BGB in Betracht.

-> Sachmangel

Ein Sachmangel liegt vor, wenn die Istbeschaffenheit der Kaufsache zum Nachteil des Käufers von der Sollbeschaffenheit abweicht.[1] Die Sollbeschaffenheit bestimmt sich nach § 434 BGB.

In Betracht kommt zunächst eine Abweichung von der vereinbarten Beschaffenheit, § 434 I 1 BGB. (*Unter der Beschaffenheit versteht man die Eigenschaften der Kaufsache sowie deren Beziehungen zur Umwelt.*)

Zunächst ist nach **§ 434 I 1 BGB** vorrangig zu prüfen, ob die Parteien eine Beschaffenheit konkret vereinbart haben. (Vereinbarung über Beschaffenheit)

Ist das nicht der Fall, ist nach **§ 434 I 2 Nr. 1 BGB** darauf abzustellen, ob die Sache sich für die nach dem Vertrag vorausgesetzte Verwendung eignet. (Vereinbarung über Verwendung)
In offensichtlichen Fällen kann auch eine konkludente Verwendungsvereinbarung angenommen werden (Bsp.: Kaffeemaschine soll Kaffee kochen können.).

Nach dem objektiven Fehlerbegriff des **§ 434 I 2 Nr. 2 BGB** liegt ein Sachmangel vor, wenn die Sache a) für die gewöhnliche Verwendung ungeeignet ist und/oder b) ihr die Beschaffenheit fehlt, die bei Sachen gleicher Art üblich ist und die ein durchschnittlicher Käufer[2] nach der Art der Sache erwarten kann. (gewöhnliche Verwendung & übliche Beschaffenheit)

> **Merke**: Wegen der nur nachrangigen Berücksichtigung der gewöhnlichen Verwendungseignung und der üblichen Beschaffenheit liegt insbes. kein Sachmangel vor, wenn die Parteien sich darüber einig sind, dass die verkaufte Ware minderwertig ist oder sein darf (z.B. Ramschware, Mängelexemplare).

Gem. **§ 434 I 3 BGB** gehören zu der Beschaffenheit nach § 434 Abs. 1 S. 2 Nr. 2 auch Eigenschaften, die der Käufer nach den öffentlichen Äußerungen des Verkäufers oder des Herstellers[3] erwarten kann.

1. Die Äußerung ist öffentlich, wenn sie nicht nur an einen begrenzten Personenkreis gerichtet ist, sondern grundsätzlich von jedermann wahrnehmbar ist.[4] (Werbung, Prospekt, Kenn- zeichnung)

2. Die Äußerung muss geeignet sein, eine entsprechende Erwartung beim Käufer hervorzurufen. Es darf sich also nicht lediglich um einen bloßen reißerischen/exklamatorischen/marktschreierischen Werbespruch handeln (Bspw.: Nichts ist unmöglich, Toyota; Redbull verleiht Flügel.)

3. Der Verkäufer, Hersteller oder sein Gehilfe muss die Äußerung getätigt haben.

---

[1] *Looschelders*, Schuldrecht BT, Rn. 34 ff.
[2] *Weidenkaff*, in: Palandt, § 434 Rn. 37.
[3] § 4 I, II ProdHaftG
[4] *Weidenkaff*, in: Palandt, § 434, Rn. 34.

4. Kein Ausschluss nach § 434 I 3 Hs. 2 BGB.

a) Verkäufer kannte die Äußerung bzw. hätte sie kennen müssen. (Var. 1)

> **Merke**: Von einem sorgfältigen Verkäufer kann erwartet werden, dass er sich wenigstens einen groben Überblick über den Inhalt von Werbebroschüren verschafft, die er in seinem Laden ausgelegt werden und Waren betreffen, die er selbst verkauft. Schließlich profitiert er von den Werbeaussagen des Herstellers und kann sich deshalb nicht einfach so verhalten, als habe er damit nichts zu tun.

b) Die Äußerung wurde im Zeitpunkt des Vertragsschlusses in gleichwertiger Weise berichtigt. (Var. 2)

c) Die Äußerung konnte die Kaufentscheidung nicht beeinflussen. (Var. 3)

> **Merke**: Es genügt bereits, dass die Werbeaussage für die Willensbildung des Käufers maßgeblich gewesen sein _kann_ (es muss also lediglich potentiell die Möglichkeit bestehen). Der Ausschluss gilt nur, wenn ein Einfluss auf die Kaufentscheidung des Käufers ausgeschlossen ist.[5] Die Beweislast für eine etwaige Nichtbeeinflussung trägt der Verkäufer.

Gem. **§ 434 II 1 BGB** liegt ein Sachmangel auch vor, wenn die Beschaffenheitsabweichung zwar bei Gefahrübergang noch nicht vorlag, die vereinbarte Montage durch den Verkäufer oder dessen Erfüllungsgehilfen aber unsachgemäß durchgeführt wurde.

Gem. **§ 434 II 2 BGB** liegt ebenfalls ein Sachmangel vor, wenn die Montageanleitung den (ganz überwiegenden Teil der) Käufer nicht in die Lage versetzt, die Kaufsache ohne größere Schwierigkeiten zusammenzubauen.[6]
Bsp.: Montageanleitung in fremder Sprache, unvollständig, missverständlich, inhaltlich falsch.

> **Merke**: Rechtsfolge ist grds. Die Lieferung einer fehlerfreien Montageanleitung. Ein Anspruch auf Lieferung einer neuen Sache mit fehlerfreier Montageanleitung steht ihm nur zu, wenn die Kaufsache bei der Montage beschädigt oder nicht ohne weiteres wieder demontiert werden kann. Fehlt die Montageanleitung ist § 434 II 2 BGB entsprechend anzuwenden.
> **Beachte**: Ein Montageversuch muss nicht unternommen werden.

Gem. **§ 434 III Alt. 1 BGB** steht es einem Sachmangel gleich, wenn eine andere Sache (aliud) geliefert wird.

> **Merke**: Wird absichtlich eine andere Sache geliefert, so ist § 241 a I BGB einschlägig. Es kommt darauf an, ob ein objektiver Empfänger die Lieferung noch als Erfüllungsversuch werten würde.

Gem. **§ 434 III Alt. 2 BGB** steht es einem Sachmangel gleich, wenn eine zu geringe Menge (minus) geliefert wird.

> **Merke**: Statt der Gewährleistungsrechte könnte der Käufer die Teilleistung gem. § 266 BGB aber auch zurückweisen und vollständige Lieferung verlangen. Er würde nicht in Annahmeverzug geraten, weil die Leistung nicht wie geschuldet, bewirkt wurde, § 294 BGB.

c) bei Gefahrübergang

Dieser Sachmangel müsste gem. § 434 Abs. 1 S. 1 BGB bereits bei Gefahrübergang vorgelegen haben.[7] Dieser liegt gem. § 446 S.1 BGB bei Übergabe der Kaufsache vor.
… Subsumtion…

---

[5] _Weidenkaff_, in: Palandt, § 434 Rn. 39.
[6] Bamberger/Roth/Faust § 434 Rn. 97.
[7] Beim **Rechtsmangel** ist an den Zeitpunkt des Eigentumsübergangs bzw. an den Zeitpunkt, in welchem bei Abwesenheit des Rechtsmangels Eigentum übergegangen wäre, anzuknüpfen, _Medicus/Lorenz_, Schuldrecht BT Rn. 119.

Wichtig: Andere Gefahrübergangsregeln beim Versendungskauf und Annahmeverzug.[8] Der Annahmeverzug tritt jedoch nicht ein, wenn eine mangelhafte Sache in Annahmeverzug begründender Weise angeboten wird.

Beachte: Jede zufällige Verschlechterung die nach dem in §§ 446, 447 BGB definierten Zeitpunkt auftritt geht zum Nachteil des Käufers („auf seine Gefahr", „auf seine Rechnung") und soll deshalb keine Primär- und Sekundäransprüche oder Einwendungen gegen den Verkäufer mehr begründen

Beachte: Es reicht bereits aus, wenn die Ursache für den Mangel bei Gefahrübergang vorlag und sich der Mangel erst im Nachhinein zeigt/auswirkt.

Merke: Taucht bei einem Verbrauchsgüterkauf ein Sachmangel innerhalb des ersten halben Jahres nach Gefahrübergang auf, so wird gem. § 476 BGB vermutet, dass dieser Sachmangel schon bei Gefahrübergang vorgelegen hat.

Achtung: Ein Sachmangel muss im Fall des § 434 II 1 BGB erst bei Abschluss der Montage vorliegen. Übergabe nach Fertigstellung/Montage. Arg.: Montage hat Werkscharakter. Gefahrübergang bei Abnahme, § 644 BGB; Vor Montage kein wirtschaftlicher Nutzen für Käufer; Übergabe erst bei tatsächlicher Aufgabe der Sachherrschaft durch Verkäufer bzw. dessen Erfüllungsgehilfen. (§ 278 BGB nicht nennen -> keine Verschuldenszurechnung)

d) Nacherfüllungsverlangen des Käufers

Außerdem müsste ... gegenüber ... das Verlangen auf Nacherfüllung erklärt haben.

Eine solche Erklärung ist ausweislich des Sachverhalts bislang nicht abgegeben worden. Diese kann jedoch noch innerhalb der Frist des § 438 BGB nachgeholt werden.

oder

... hat von ... bereits Nacherfüllung verlangt, so dass der Anspruch auf Nacherfüllung fällig geworden ist.

Merke: Der Käufer kann gem. § 439 Abs. 1 BGB nach seiner Wahl die Beseitigung des Mangels oder die Lieferung einer mangelfreien Sache verlangen kann.

d) Kein Ausschluss der Mängelhaftung

Die Gewährleistungsrechte des ... könnten jedoch kraft Gesetz oder vertraglich ausgeschlossen sein.

Zunächst könnten die Gewährleistungsrechte des ... nach § 442 I BGB ausgeschlossen sein. Dazu müsste ... der Mangel bekannt gewesen sein oder grob fahrlässig unbekannt geblieben sein[9]. Grob fahrlässige Unkenntnis liegt vor, wenn der Käufer das Mindestmaß an Information und Aufmerksamkeit in besonders schwerem Maß vernachlässigt hat. ...Subsumtion...

Möglicherweise sind aber die Gewährleistungsrechte des ... durch die vertragliche

---

[8] Ausnahmen: beim Versendungskauf, Gefahrübergang bei Aushändigung an die Transportperson (§ 447 BGB) sowie der Eintritt von Annahmeverzug (§§ 326 II, 446 S.3 BGB), so *Medicus/Lorenz*, Schuldrecht BT Rn. 105.
[9] Die fahrlässige Unkenntnis führt aber nicht zum Ausschluss, wenn der VK arglistig war oder eine Garantie für die Sache übernommen hat, § 442 I 2 BGB.

Vereinbarung zwischen … und … ausgeschlossen. …Subsumtion…

Die Berufung des … auf den (vertraglichen) Gewährleistungsausschluss könnte jedoch gem. § 444 BGB ausgeschlossen sein. Danach kann sich der Verkäufer auf eine Vereinbarung, nach der die Rechte des Käufers wegen eines Mangels ausgeschlossen oder beschränkt werden nicht berufen, soweit er den <u>Mangel arglistig verschwiegen</u> hat bzw. eine <u>Beschaffenheitsgarantie ausgesprochen</u> hat.

Überblick: Als Ausschlussgründe kommen insbesondere in Betracht:
↓ Kenntnis des Käufers vom Mangel oder grob fahrlässige Unkenntnis, <u>§ 442 BGB</u>, ABER: <u>Täuscht</u> der VK arglistig oder <u>spricht eine Beschaffenheitsgarantie aus</u>, ist <u>grob fahrlässige Unkenntnis des Käufers vom Mangel irrelevant.</u>
↓ individualvertraglicher Haftungsausschluss grds. möglich, aber: (Grenzen: <u>arglistiges Verschweigen des Mangels</u> durch den Verkäufer oder <u>Garantieübernahme</u>, § 444 BGB.)
↓ beim <u>Verbrauchsgüterkauf</u> ist § 475 BGB zu beachten. Eine in § 475 I 1 BGB genannte für den Verbraucher nachteilige Vereinbarung, (die bereits <u>getroffen wurde, bevor der Käufer dem Verkäufer über den Mangel in Kenntnis gesetzt hat</u>) ist nichtig.
Dies betrifft nachteilige Abweichungen zu:
→ § 433 BGB (Kaufvertrag)
→ §§ 434, 435 BGB (Mangelbegriff)
→ § 437 BGB (Mängelrechte) **Ausnahme**: Ausschluss/Beschränkung von SE-Ansprüchen, <u>§ 475 III BGB.</u>
→ § 439 BGB (Nacherfüllung)
→ §§ 440 – 443 BGB (Fristbehrlichkeit, Minderung, Kenntnis bzw. grob fahrlässige Unkenntnis des Mangels durch Käufer, Rechte aus einer Garantie)
→ §§ 474ff. BGB (Verbrauchsgüterkaufrechte)
↓ Haftungsausschluss durch AGB (<u>§ 309 Nr. 8b BGB und § 307 BGB</u>)
↓ Beim Handelskauf Verletzung der Rügeobliegenheit, <u>§ 377 HGB</u>

Wenn kein Ausschlussgrund vorliegt:

Es bestehen weder Anhaltspunkte für einen gesetzlichen noch vertraglichen Gewährleistungsausschluss.

e) Zwischenergebnis

Damit ist der Nacherfüllungsanspruch entstanden. … hat gem. §§ 437 Nr. 1, 439 I BGB grundsätzlich die **Wahl** zwischen der Beseitigung des Mangels und der Neulieferung ….

II. Anspruch untergegangen

Merke: Die Unmöglichkeit der Nachlieferung bzw. der Nachbesserung muss hier <u>getrennt</u> geprüft werden! Ist nur eine Form der Nacherfüllung unmöglich, so beschränkt sich der Anspruch des Käufers auf die andere Form.[10] Unter diesem Punkt fällt eventuell der Nachlieferungsanspruch weg. Dies kann bspw. aufgrund eines Stückkaufs der Fall sein oder wenn eine Mangel beim Gattungskauf serienmäßig ist (dann wäre eine Nachlieferung sinnlos). Es besteht aber auch die Möglichkeit des Wegfalls eines Nachbesserungsanspruchs bspw. bei einem Unfallwagen.

PROBLEM: **Stückkauf als gattungsähnlicher Kauf**

Inwieweit ein Stückkauf zum Ausschluss der Ersatzlieferung führt, ist steitig.

Einerseits wird vertreten, bei einem Stückkauf komme eine Ersatzlieferung allgemein nicht in Betracht, da sich die Parteien auf die <u>Lieferung einer ganz bestimmten Sache geeinigt</u> <u>hätten, die nicht durch eine beliebige andere ersetzt werden könne.</u>[11]

Andererseits wird die Auffassung vertreten, dass auch bei Stückschulden ein Ersatzlieferungsanspruch grundsätzlich möglich sei. Innerhalb dieser Meinungsgruppe ist aber umstritten, unter welchen Voraussetzungen ein Nachlieferungsanspruch besteht. Zum Teil wird insoweit auf die *Vertretbarkeit* der Sache abgestellt. Vertretbare Sachen im Sinne des § 91 BGB sind solche, die objektiv austauschbar sind, da sie sich nicht durch individuelle Merkmale voneinander unterscheiden. Gleichgestellt werden sollen Sachen, die einer vertretbaren Sache wirtschaftlich entsprechen und das Leistungsinteresse des Gläubigers zu befriedigen geeignet sind. Andere stellen hingegen auf die *funktionelle Vergleichbarkeit* mit einem Gattungskauf ab. Eine funktionelle Vergleichbarkeit soll nach diesen Meinungsvertretern vorliegen, wenn die Individualisierung einer Sache eher zufällig ist und ebenso gut ein anderes Stück hätte gewählt werden können (Bsp.: Selbstbedienungsläden). Wiederum andere stellen auf die *Ersatzbarkeit der Kaufsache und die Gleichwertig- und Gleichartigkeit der Ersatzsache* nach dem **Willen der Vertragsparteien** ab und bejahen einen Nachlieferungsanspruch, wenn diese Voraussetzungen bejaht werden können.

Gegen die erstgenannte Ansicht spricht, dass diese bereits <u>im Wortlaut des § 439 BGB keine</u> <u>Stütze findet.</u> Daraus lässt sich wiederum schließen, dass es nach der Begründung des Schuldrechtsmodernisierungsgesetzes bei der Nacherfüllung auf die <u>Unterscheidung</u> <u>zwischen Stück- und Gattungskauf nicht ankommen</u> soll. Außerdem wird diese Auffassung den <u>Interessen der Parteien nicht gerecht.</u> Beim Kauf einer neuwertigen, in großer Stückzahl produzierten Sache ist es dem <u>Käufer gleichgültig, ob er genau das ausgewählte Stück</u> <u>behält oder ein Ersatzstück mit identischen Eigenschaften erhält.</u> Wenn die <u>Kaufsache</u> <u>ersatzfähig ist, entspricht die Interessenlage der beim Gattungskauf.</u> Deshalb ist der h.M. zu folgen.

---

[10] *Looschelders*, Schuldrecht BT, Rn. 93.
[11] Bamberger/Roth/*Faust* § 439 Rn. 27; *Huber* NJW 2002, 1004, 1006; differenzierend *Sutschet* JA 2007, 161, 165 ff.

III. Anspruch durchsetzbar

a) Die Unverhältnismäßigkeitseinrede, § 439 III BGB

Fraglich ist jedoch, ob sowohl der Anspruch auf Nachbesserung als auch der auf Ersatzlieferung durchsetzbar sind. Nach § 439 III 1 BGB kann der Verkäufer die vom Käufer <u>gewählte Art der Nacherfüllung verweigern</u>, wenn sie nur mit **unverhältnismäßigen Kosten** möglich ist. Dabei sind zwei Formen der Unverhältnismäßigkeit zu unterscheiden:

- Zum anderen kann ein <u>Vergleich der Kosten für die beiden Varianten der Nacherfüllung ergeben</u>, dass die Kosten für eine der Varianten **relativ unverhältnismäßig** sind.

- Wenn die Kosten für die gewählte Variante der Nacherfüllung **absolut unverhältnismäßig** sind, weil sie außer <u>Verhältnis zum Interesse des Käufers an der Nacherfüllung bzw. zum Wert der Sache in mangelfreiem Zustand stehen</u>.

Beachte: Die Prüfung der Unverhältnismäßigkeit, muss wie die Prüfung der Unmöglichkeit, für jede Art der Nacherfüllung getrennt geprüft werden. Kann der Verkäufer eine der beiden Formen der Nacherfüllung wegen (relativer) Unverhältnismäßigkeit verweigern, so beschränkt sich der Anspruch des Käufers auf die andere Art der Nacherfüllung, § 439 III 3 Hs. 1 BGB. Jedoch kann der Verkäufer gem. § 439 III 3 Hs. 2 BGB auch berechtigt sein, die andere (noch übrig gebliebene) Form der Nacherfüllung wegen (absoluter) Unverhältnismäßigkeit zu verweigern. <u>Die absolute Verweigerung ist jedoch im Verbrauchsgüterkauf nicht möglich (EuGH)</u>.

Achtung: Wird das Leistungsverweigerungsrecht aus § 439 III 1 BGB für beide Formen der Nacherfüllung geltend gemacht, so kann der Käufer <u>die übrigen Gewährleistungsrechte</u> (Minderung, Rücktritt, SE. Statt der Leistung) gem. § 440 S. 1 Var. 1 BGB ohne Fristsetzung geltend machen.

Merke: § 439 III 1 BGB betont, dass neben der Einrede des § 439 III 1 BGB ebenfalls die Leistungsverweigerungsrechte aus § 275 II, III BGB geltend gemacht werden können. Da § 275 II BGB allerdings strenger ist und ein <u>grobes</u> Missverhältnis zwischen Aufwand und Gläubigerinteresse fordert, kommt diese Einrede im Falle eines Scheiterns der Einrede aus § 439 III BGB erst recht nicht in Betracht. Auch die Einrede aus § 275 III BGB ist im Kaufrecht von nur geringer Bedeutung, da es dort nur selten um persönliche Leistungspflichten des Käufers geht.

PROBLEM: **Aus- und Einbau im Nachlieferungsanspruch enthalten?**

a) Herleitung aus Rücknahmeanspruch des Käufers

Möglicherweise <u>Verpflichtung des Verkäufers, bei einer Ersatzlieferung die mangelhafte Sache zurückzunehmen, herzuleiten sein</u>. In <u>§ 439 IV BGB (i.V.m. § 346 I BGB)</u> ist lediglich der <u>Anspruch auf Rückgewähr</u> der mangelhaften Sache geregelt. Wortlaut spricht dagegen, dass mit dem <u>Rückgewähranspruch des Verkäufers auch eine Rücknahmepflicht korrespondiert</u>.

Es st aber anerkannt, dass der <u>Käufer jedenfalls dann vom Verkäufer Rücknahme der mangelhaften Sache verlangen kann</u>, wenn der <u>Käufer</u> daran ein <u>besonderes Interesse</u> hat. Dies ergibt sich aus dem <u>Rechtsgedanken des § 433 I BGB</u> (Abnahmepflicht des Käufers):

7

Durch die Ersatzlieferung entsteht bezüglich der mangelhaften Erstlieferung ein Rückgewährschuldverhältnis gem. §§ 439 IV, 346 ff BGB, das spiegelbildlich zum ursprünglichen Vertragsverhältnis ausgestaltet ist. Wie der Verkäufer vorher vom Käufer Abnahme der Kaufsache verlangen konnte, muss nun auch der Käufer vom Verkäufer Rücknahme der mangelhaften Sache zumindest dann verlangen können, wenn er ein schutzwürdiges Interesse daran hat, die Sache loszuwerden.

Die Rücknahmepflicht ist nicht am Erfüllungsort der ursprünglichen kaufvertraglichen Leistungspflicht, sondern an dem Orte, an dem die Sache sich vertragsgemäß befindet, zu erfüllen.

Bei Bodenbelägen besteht aber die Besonderheit, dass diese – anders als etwa provisorisch verlegte Dachziegel – mit der Verlegung gem. §§ 946, 93, 94 II BGB wesentlicher Bestandteil des Hausgrundstücks werden. Damit steht einem Rückgewähranspruch des Verkäufers aus §§ 439 IV, 346 I BGB die Unmöglichkeit der Herausgabe der Bodenbeläge entgegen (§ 346 II 1 Nr. 1 BGB), und auch ein Wertersatzanspruch des Verkäufers scheitert an § 346 III 1 Nr. 1 BGB. Wenn der Verkäufer bereits keinen Rückgewähranspruch hat, muss auch der damit korrespondierende Rücknahmeanspruch des Käufers ausgeschlossen sein.

b) Herleitung einer Pflicht des Verkäufers, den ursprünglichen Zustand wieder-herzustellen, aus Telos des § 439 I BGB und der VerbrGKRL

Sinn des § 439 I BGB, dass der Verkäufer bezüglich der Kaufsache den Zustand herstellen muss, der bei Gefahrübergang vertragsgemäß hätte bestehen sollen?

Spräche man dem Käufer lediglich einen Anspruch auf Lieferung einer neuen Sache zu, stünde er im Zeitpunkt der Ersatzlieferung schlechter, als er im Zeitpunkt der Erstlieferung gestanden hätte, wenn vertragsgemäß erfüllt worden wäre. Insofern könnte das im Rahmen der „Ersatzlieferung" geschuldete „Ersetzen" der mangelhaften Sache durch eine mangelfreie auch das Entfernen der mangelhaften Sache umfassen. Dafür, dass dies zumindest beim Verbrauchsgüterkauf der Fall ist, wird auch angeführt, dass nach Art. 3 II der Verbrauchsgüterkaufrichtlinie der Verbraucher bei Vertragswidrigkeit der gelieferten Ware Anspruch auf die unentgeltliche Herstellung des „vertragsgemäßen Zustands" des Verbrauchsgutes durch Ersatzlieferung hat und dass nach Art. 3 III Unterabs. 3 der Richtlinie die Ersatzlieferung ohne erhebliche Unannehmlichkeiten für den Verbraucher erfolgen muss.

Gegen eine Pflicht zur Entfernung der Fliesen spricht aber, dass nach dem Wortlaut des § 439 I BGB die Nacherfüllung allein die Lieferung einer mangelfreien Sache betrifft, der Verkäufer also – entsprechend seiner ursprünglichen kaufvertraglichen Verpflichtung, die nur zu wiederholen ist – allein die mangelfreie Sache übergeben und übereignen muss. Der Verbraucher solle im Rahmen der Nachlieferung ein neues mangelfreies Gut erhalten; mittelbare Folgen, die dem Käufer infolge des Ausbaus entstünden, könnten ihm nur im Rahmen des Schadensersatzes, sofern in den nationalen Rechtsordnungen vorgesehen, ersetzt werden.

EuGH, 16.06.2011 - C-65/09 und C-87/09 – Weber und Putz:
Ausbau und Einbau geschuldet (im Anwendungsbereich der Verbrauchsgüterkauf-RL 99/44) Argumente: („unentgeltlich", „ohne erhebliche Unannehmlichkeiten", „Ersatzlieferung"). Ausschluss der einzig möglichen noch verbleibenden Nacherfüllung wegen absoluter Unverhältnismäßigkeit ist richtlinienwidrig. Lediglich eine Verweisung auf eine Kostenbeteiligung in Höhe eines angemessenen Betrages ist möglich.

b) Das Leistungsverweigerungsrecht, § 275 II, III BGB

Keine Besonderheiten (gewohntes Schema).

Merke: § 275 II BGB wird im Kaufrecht von § 439 III BGB überlagert/verdrängt, da § 439 III BGB eine niedrigere Leistungsverweigerungsschwelle besitzt.

c) Die Verjährung

Der Anspruch könnte jedoch verjährt und damit nicht durchsetzbar sein. Grundsätzlich beträgt die Verjährungsfrist gem. § 438 II BGB, § 438 I Nr. 3 BGB zwei Jahre ab Ablieferung

---

Die kaufrechtliche Verjährung, § 438 BGB

1. Verjährungsbeginn, § 438 II BGB

Bei Grundstücken beginnt die Verjährung mit der Übergabe zu laufen.

Im Übrigen mit Ablieferung der Sache.

2. Verjährungsfrist, § 438 I BGB

Grundsätzlich 2 Jahre gem. § 438 I Nr. 3 BGB.

Ausnahmen:

Bauwerke/Baumaterialien 5 Jahre gem. § 438 I Nr. 2 BGB.

Dingliche Rechtsmängel 30 Jahre gem. § 438 I Nr. 1 BGB.

Bei Arglist regelmäßige Verjährung (§§ 195, 199 BGB) gem. § 438 III BGB.

Jedoch beginnt in diesem Fall die Verjährungsfrist abweichend erst mit Schluss des Jahres, der Kenntnis der arglistigen Täuschung, § 199 I Nr. 2 BGB.

3. Vereinbarung über die Verjährung

Verlängerung: Möglich, jedoch max. 30 Jahre ab gesetzl. Verjährungsbeginn, § 202 II BGB.

Verkürzung: Grds. Möglich, aber beim Verbrauchsgüterkauf ist eine Verkürzung der Verjährung auf max. 2 Jahre möglich. Bei gebrauchten Sachen ist eine Verkürzung auf max. 1 Jahr möglich, § 475 II BGB.
Bei einer formularvertraglichen Verkürzung ist § 309 Nr. 8b ff BGB zu beachten.

Weitere Problemfälle:

PROBLEM: **Ort der Nacherfüllung**

Hinweis: Zwar ordnet § 439 II BGB an, dass der Verkäufer die Kosten der Nacherfüllung zu tragen hat, sagt aber nichts über den Ort, an dem die Nacherfüllung zu erfolgen hat.

⊥ Teilweise wird vertreten, dass der Erfüllungsort insoweit der Sitz des Verkäufers sei. Dies wird damit begründet, dass der Nacherfüllungsanspruch letztlich der modifizierte Erfüllungsanspruch des § 433 I BGB sei, bei dem der Leistungsort – sofern die Parteien nichts anderes vereinbart haben – auch gem. § 269 I BGB beim Verkäufer läge.

⊥ Eine andere Ansicht macht dagegen die Frage des Erfüllungsortes abhängig von den Umständen des Einzelfalls. Aus der Verbrauchsgüterkaufrichtlinie folge nicht zwingend, dass der Erfüllungsort beim Käufer liegen müsse. Denn auch wenn man den Erfüllungsort mit § 269 I BGB beim Verkäufer annähme, sei über § 439 II BGB sichergestellt, dass dieser die Transport- bzw. Versendekosten tragen müsse.

⊥ Dem wird aber entgegengehalten, dass dies dem Sinn und Zweck des § 439 BGB zuwiderlaufe, wonach der Käufer durch sein Nacherfüllungsverlangen nicht unzumutbar belastet werden sollte. Hierfür spreche auch die Verbrauchsgüterkaufrichtlinie der EU, wonach die Ersatzlieferung „ohne erhebliche Unannehmlichkeiten" (Art. 3 III) für den Verbraucher erfolgen müsse. Dieses Ergebnis wird nur erreicht, wenn der Verkäufer die Nacherfüllung am jeweiligen Belegenheitsort der Sache vornimmt. Denn wenn der Käufer für den Rücktransport der Kaufsache sorgen müsste, wäre über § 439 II BGB jedenfalls der damit verbundene Zeitaufwand nicht ersatzfähig. Mit der h.M. ist die Nacherfüllungspflicht daher als **Bringschuld** anzusehen, unabhängig davon, wie die ursprüngliche Erfüllungspflicht ausgestaltet war.

Beachte: Zudem sind bei der Wahl des Nacherfüllungsortes die allgemeinen Gepflogenheiten und die Verkehrssitte zu berücksichtigen.

PROBLEM: **Ungerechtfertigtes Nacherfüllungsverlangen**

Grundsätzlich wird der Käufer durch den Kaufvertrag nicht verpflichtet, die Kaufsache bei Übergabe zu untersuchen. Allerdings verlangen Literatur und Rechtsprechung, dass den Käufer dann eine Prüfungspflicht treffen muss, wenn er den Verkäufer belastende Rechte aus der Kaufsache ableiten will. Verwiesen wird auf den Informationsvorsprung des Käufers: Da sich die Kaufsache in der Regel in seiner Nähe befinde, könne er diese besser als der Verkäufer kontrollieren. Ihm stünden mehr also Zugriffsmöglichkeiten offen als dem Verkäufer. Rechtsprechung und Literatur setzen den Umfang der Prüfungspflicht des Käufers insgesamt niedrig an und sprechen von einer „Evidenzkontrolle" oder „Plausibilitätskontrolle". Der Käufer sei lediglich dazu verpflichtet, naheliegende Umstände zu untersuchen und mögliche Gründe, die für ihn voraussehbar sind, auszuschließen. Er müsse über keine besonderen Fachkenntnisse verfügen. Da das Gesetz dem Verkäufer die Pflicht zuweise, mangelfrei zu erfüllen, trage dieser das Prüfungsrisiko. Könne der

Verkäufer Indizien, die für einen Mangel sprechen, nicht ausschließen, so sei dieser, nicht jedoch der Käufer, verpflichtet dem nachzugehen.

Jedoch ist diese Handhabung durch Rspr. und die Literatur problematisch. Muss der Käufer nämlich erst einer – wenn auch geringen – Prüfungspflicht nachkommen, um sich vom Vorwurf des grundlosen Nacherfüllungsverlangens zu befreien, wird er nicht mehr unbeschwert Nacherfüllung verlangen können. Er wird immer die Gefahr sehen, selbst schadensersatzpflichtig zu werden. Nimmt er selbst eine Mangelbeseitigung vor, so bleibt er nach der h.M. auf den Kosten sitzen. Es bedarf daher im Interesse des Käufers einer klaren Absteckung seines Prüfungsumfangs für Symptome aller Art.

Folglich reicht es aus, dass der Käufer nach einer **unzureichenden Evidenzkontrolle** sein Nacherfüllungsverlangen erklärt. Damit begründet allein diese Erklärung eine (objektive) Schutzpflichtverletzung nach §§ 280 I, 241 II BGB.

PROBLEM: **Rückgewähr der Kaufsache und Nutzungsersatz bei Nachlieferung**

Kommt es nach einer bestimmten Zeit wegen eines unbehebbaren Mangels zu einer Neulieferung, so kann der Verkäufer gem. § 439 IV BGB Rückgewähr der mangelfreien Sache nach Maßgabe der §§ 346ff. BGB verlangen. (Also auch Leistung von Nutzungswertersatz).

Beachte: Im Verbrauchsgüterkauf sind Nutzungen nicht herauszugeben oder durch ihren Wert zu ersetzen, § 474 V 1 BGB.

PROBLEM: **Selbstvornahme der Reparatur durch den Käufer**

Umstritten ist, ob der Käufer im Fall der Selbstvornahme der Reparatur des Kaufgegenstandes, ohne dem Verkäufer eine Gelegenheit zur Nacherfüllung zu geben, irgendwelche Ansprüche gegen den Verkäufer hat.

Tipp: Bei den Fällen der Selbstvornahme einer Reparatur des Kaufgegenstandes durch den Käufer müssen Sie sozusagen zwischen dem „braven" Käufer, der erst eine Frist zur Nacherfüllung i. S. v. §§ 323 I, 281 I BGB setzt, und dem „eigenmächtigen" Käufer unterscheiden, der dem Verkäufer erst gar keine Gelegenheit zur Nacherfüllung gibt. Bei ersterem hat es sich zumeist mit einem Anspruch aus §§ 280 I, III, 281 I BGB, dessen Voraussetzungen ja dann wegen der erfolgten Fristsetzung nach § 281 I BGB vorliegen.

Für den Fall der „eigenmächtigen" Selbstvornahme *ohne* Fristsetzung gilt dagegen in der Klausur: Im Ergebnis ist ein Anspruch des Käufers zu **verneinen**, da er das Recht des Verkäufers zur „zweiten Andienung" verletzt. Es sind hier jedoch vorher eine ganze Menge Anspruchsgrundlagen „abzuklappern".